BEI GRIN MACHT SICH IHR WISSEN BEZAHLT

- Wir veröffentlichen Ihre Hausarbeit, Bachelor- und Masterarbeit

- Ihr eigenes eBook und Buch - weltweit in allen wichtigen Shops

- Verdienen Sie an jedem Verkauf

Jetzt bei www.GRIN.com hochladen und kostenlos publizieren

Emotionen und das Rubikon-Modell in der Psychologie

Katarina Staletovic

Bibliografische Information der Deutschen Nationalbibliothek:

Die Deutsche Nationalbibliothek verzeichnet diese Publikation in der Deutschen Nationalbibliografie; detaillierte bibliografische Daten sind im Internet über http://dnb.d-nb.de abrufbar.

ISBN: 9783346811127
Dieses Buch ist auch als E-Book erhältlich.

© GRIN Publishing GmbH
Nymphenburger Straße 86
80636 München

Druck und Bindung: Books on Demand GmbH, Norderstedt Germany
Gedruckt auf säurefreiem Papier aus verantwortungsvollen Quellen

Das vorliegende Werk wurde sorgfältig erarbeitet. Dennoch übernehmen Autoren und Verlag für die Richtigkeit von Angaben, Hinweisen, Links und Ratschlägen sowie eventuelle Druckfehler keine Haftung.

Das Buch bei GRIN: https://www.grin.com/document/1322152

Einsendeaufgabe

Allgemeine Psychologie II

Aufgabennummer:

B

SRH Fernhochschule

Modul:

Allgemeine Psychologie II

Studiengang:

Psychologie B.Sc.

Verfasserin:

Katarina Staletovic

Inhaltsverzeichnis

Abkürzungsverzeichnis

Abb.	Abbildung
Aufl.	Auflage
bzw.	beziehungsweise
d. h.	das heisst
etc.	et cetera
z. B.	Zum Beispiel
Vgl.	vergleiche

Abbildungsverzeichnis

Vermerk

Aus Gründen der Lesbarkeit wird das generische Maskulinum eingesetzt. Frauen- und andere Geschlechtsidentitäten sind explizit miteinzubeziehen, sofern dies für die Behauptung erforderlich ist.

1 Aufgabe B1: Emotionen

Im ersten Teil der Arbeit wird die Bedeutung von Emotionen einschließlich der Begriffs-
definition von Emotionen näher beleuchtet. Darauf aufbauend wird die Entstehung von
Emotionen beschrieben, bevor die Emotionsregulation sowie Emotionsarbeit erörtert
werden.

1.1 Begriffsabgrenzung Emotionen

Einen Konsens darüber, wie der Begriff Emotion einheitlich definiert werden soll, gibt es
nicht. Heutzutage werden in der Psychologie Emotionen als ein komplexes körperliches
Gebilde von psychologischen und mentalen Veränderungen, einschließlich physiologischer Erregung, der Empfindung, kognitiver Prozesse und der Reaktion auf das Verhalten in einer Situation, die für den Einzelnen als wichtig erachtet wird, angesehen.[1]
Das Wort Emotion stammt von dem lateinischen Wort „emovere", was so viel wie „hin-
ausbewegen" oder „in einen erregten Zustand versetzen" bedeutet. Die Kernqualität der
Emotion kann wie folgt angesehen werden: Emotionen berühren Menschen, erregen sie
und bringen sie in eine bestimmte Richtung. Dabei stehen Emotionen in einem starken
Zusammenhang mit Motivationszuständen. Beispielsweise inspiriert Wut zu Rache, Ekel
zu Ablehnung und Angst veranlasst Vermeidung. So können Emotionen als Motivatoren
angesehen werden, da sie die Aufmerksamkeit auf bestimmte Ereignisse richten und
Verhaltensstrategien entwickelt werden, um beispielsweise eine Situation zu bewältigen.
In Folge davon lassen sich Motivation und Emotion schwer voneinander differenzieren.[2]
Der Hauptunterschied zwischen Emotionen und Motivation liegt in der Art des Objekts,
auf das sie sich beziehen. Die Motivation arbeitet aktiv auf einen zukünftigen Zielzustand
hin, das heißt die zukünftigen Ereignisse rücken in den Fokus. Dahingegen können Emotionen auch der Vergangenheit angehören. So können Menschen beispielsweise über
Erfolg sprechen, auch wenn der Erfolg schon ein paar Jahre her ist. Eine Trennung zwischen Emotionen und Motivation wird jedoch schwieriger, wenn ein Bezugsobjekt gegeben ist, das eintreten könnte, wie beispielsweise Furcht oder Misserfolg. Hierbei können
Emotionen in diesem Zusammenhang als Motivatoren fungieren.[3]

---

[1] Vgl. *Zimbardo/Gerrig* (2008), S. 454.
[2] Vgl. *Rothermund/Eder* (2011), S. 166-167.
[3] Vgl. *Vogel* (1996), S. 20-21.

In der Emotionspsychologie werden Emotionen als multidimensionale Struktur angesehen, die Reaktionen auf mehreren Ebenen enthalten:

- Erfahrungskomponente: Emotionen werden Hand in Hand als Veränderungen im subjektiven Erleben gesehen. Unterschiedliche Emotionen gehen mit sehr spezifischen Arten des Erlebens einher. So fühlt sich Traurigkeit anders als Glück an und Wut anders als Ekel. Die Erfahrungskomponente ist von großer Bedeutung, weil diese oft die einzige Möglichkeit darstellt, um Emotionen zu messen. Darüber hinaus hängt das emotionale Erleben selbst davon ab, zumindest in einigen Fällen, aus der eigenen Einstufung/sprachlichen Bezeichnungen für Emotionen ab.[4]

- Kognitive Komponente: Emotionen können auch durch Bewertungen, Werturteile und Kognitionen erlebt werden. Bewertungen sind Kategorien von Ereignissen auf sich selbst. Hierbei können Ereignisse positiv erlebt (also angenehm, gut usw.) oder negativ bewertet werden (unangenehm, bedrohlich, schlecht usw.), was wiederum verschiedene Emotionen hervorruft. Dabei fallen kognitive Beeinflussungen unterschiedlich aus. Zum Beispiel kann eine Klausur in der Schule auf verschiedene Weise erlebt werden, je nachdem, ob die Person durch ihre eigene Leistung (Stolz) in der Prüfung geglänzt hatte, sie die Unterstützung ihres Nachbarn erhielt (Dankbarkeit) oder eine günstige Prüfungsfragenauswahl zu diesem Resultat geführt hat. Aus diesem Grund wird das emotionale Erleben häufig von mehreren kognitiven Prozessen bestimmt, wobei diese der Person sehr häufig nicht einmal bewusst sind.[5]

- Physiologische Komponente: Mit emotionalen Zuständen gehen Aktivitätsänderungen des autonomen Nervensystems einher. Beispielsweise weist das Herz bei einer Angst eine erhöhte Herzfrequenz auf und ein beschleunigtes Atmen als Zustand der physiologischen Aktivierung, um sich auf eine (mögliche) Flucht bei einer Bedrohung vorzubereiten. Heutzutage können mit dem weit verbreiteten Einsatz von bildgebenden Verfahren, wie der Positronen-Emissions-Tomographie oder funktionellen Magnetresonanztomographie, beispielsweise emotionsspezifische Strukturen im Gehirn von Menschen untersucht werden. Dabei wird die Amygdala als das Herz des Angstsystems identifiziert.[6]

- Expressionskomponente: Emotionen werden in Mimik und Körperhaltung ausgedrückt und äußern sich auch in der Stimme. Insbesondere wurde der Gesichtsausdruck in zahlreichen Studien untersucht. Allgemein wird davon ausgegangen,

---

[4] Vgl. *Bak* (2019), S. 150.
[5] Vgl. *Rothermund/Eder* (2011), S. 170.
[6] Vgl. *Brandstätter et al.* (2013), S. 133.

dass komplexe Emotionen aus sogenannten primären beziehungsweise Basise-motionen bestehen, die kulturübergreifend gelten. Zu den Basisemotionen zäh-len Angst, Wut, Überraschung, Freude, Traurigkeit und Ekel. Es ist hervorzuhe-ben, dass emotionale Gesichtsausdrücke auch bei blind geborenen Kindern nachgewiesen wurden, weshalb davon ausgegangen wird, dass diese angebo-ren sind.[7]

- Anreizkomponente: Emotionen gehen mit einem bestimmten Handlungswillen einher, um eine spezifische Herausforderung zu meistern. Jedes Ergebnis, das ein Mensch anstrebt, besitzt eine positive oder negative Valenz. Die Entschei-dung für oder gegen etwas ist immer mit einer emotionalen Komponente verbun-den. Zum Beispiel kann eine wahrgenommene Bedrohung zu Angst führen, aus der ein Vermeidungsverhalten resultiert.[8]

Zusammenfassend können Emotionen als objektorientierte, emotionale sowie unwillkür-liche Reaktionen angesehen werden, die vorübergehende Verhaltens- und Erlebensver-änderungen initiieren. Anzumerken ist auch, dass Motivation und Emotion zahlreiche Gemeinsamkeiten aufweisen und diese beiden Aspekte nicht getrennt betrachtet werden können.[9]

1.2 Entstehung von Emotionen

Das Emotionsrepertoire, der emotionale Ausdruck, die Emotionsintensität und das Emo-tionserleben ändern sich während des gesamten Lebenszyklus. Bei Babys können bei-spielsweise emotionale Reaktionen erkannt werden, sodass Emotionen als angebore-nes Reaktionsmuster angesehen werden. Im späteren Umgang lernen Kinder in der Grundschule, ihre eigenen Bedürfnisse selbstständig zu erfüllen, wobei sie erkennen, dass eine Kooperation mit der Umwelt als notwendig erscheint. Dies führt zum einen zu der Entstehung normorientierter Emotionen, wie Stolz oder Scham, und zum anderen wird auch eine Emotionsregulation eingesetzt. Hierbei werden Emotionen unterdrückt oder sogar verstärkt, sodass bestimmte Ziele erreicht werden.[10]

Derzeit gültige, biologisch orientierte Emotionstheorien basieren auf einigen Grundan-nahmen. Sie alle betonen ausnahmslos den evolutionsbiologischen Ursprung der Emo-tion und deren Verankerung in spezifischen Gehirnstrukturen und physiologischen Pro-zessen. Diese sind die Prozesse, die einen Organismus darauf vorbereiten, effizient mit

---

[7] Vgl. *Jansen* (2018), S. 11-12.
[8] Vgl. *Bak* (2019), S. 155.
[9] Vgl. *Rothermund/Eder* (2011), S. 166.
[10] Vgl. *Bak* (2019), S. 157.

seiner Umwelt zu interagieren.[11]

In der Emotionspsychologie haben sich drei Erklärungen herauskristallisiert: biologische, kognitive und konstruktivistische Ansätze. Biologische Ansätze lassen sich auf Charles Darwin (1809–1882), den Begründer der Evolutionstheorie, zurückführen. In seinem Werk „Expression of Emotions in Man and Animals" schlug Darwin erstmals die zentrale Idee von Emotionen und ihre Verhaltensmanifestationen vor, dass sie angeborene Eigenschaften darstellen, die durch eine natürliche Auslese (Selektion) entstehen. Für das Überleben der Arten und den Fortpflanzungserfolg waren bedeutende Umweltvorfälle wie physische und soziale Gefahren für spezialisierte emotionale Systeme (z. B. Angst, Eifersucht) verantwortlich. Moderne Emotionstheorien greifen den ursprünglichen Ansatz auf und haben diesen weiterentwickelt. Die biologische Emotionstheorie unterteilt das emotionale Spektrum in diskrete emotionale Arten oder Kategorien von Emotionen ein, die Basisemotionen darstellen. Es sollte erwähnt werden, dass Basisemotionen unabhängig vom Geschlecht, der sozialen Umgebung oder Kultur zu betrachten sind. Grundsätzlich werden Basisemotionen als separate informationsverarbeitende Systeme angesehen, die auf bestimmte Klassen von Umweltreizen reagieren.[12]

Damit spezifische Herausforderungen gemeistert werden können, wird jede Grundemotion durch ein anderes Umweltproblem ausgelöst: Furcht ist ein Indiz von Bedrohungen, Ekel ein Anzeichen von einem verursachenden krankheitserregenden Objekt und Eifersucht stellt einen Hinweis auf Untreue dar. Gemeingültig sind Emotionen bei der biologischen Emotionstheorie als ein adaptives Verhalten anzusehen, das sich durch die Evolutionsgeschichte entwickelt hat. Daraus lässt sich die Schlussfolgerung ziehen, dass dieser Ansatz eine Emotion behandelt, die ein Ergebnis aus der Entstehungsgeschichte von Menschen und Tieren darstellt. Hierbei ermöglichten Gesichtsausdrücke Artenüberleben und Fortpflanzungsvorteile.[13]

Die kognitive Emotionstheorie betont die Bedeutung der Einschätzung der emotionalen Erscheinung: Emotionen werden ausgelöst durch eine subjektive Einschätzung und nicht durch eine objektive Situation in Anbetracht von Werten, Zielen und Normen eines Menschen. Diese kognitive Bewertung ist Voraussetzung für die Entstehung der Emotion. Auslöser von Emotionen sind nicht bestimmte Situationen oder Reize, sondern einige Klassen von kognitiven Prozessen, die vom Kontext unabhängig arbeiten. Die kognitive Emotionstheorie besagt, dass Emotionen ein Resultat aus einer psychophysiologischen Reaktion auf die Bedeutung einer Situation sind. Wenn sich die Bedeutung wandelt, dann ändern sich auch die emotionalen Reaktionen darauf. Daher kann die Einschätzung einer Situation in Bezug auf die Stimmung mit hoher Präzision vorhergesagt

---

[11] Vgl. *Vaitl* (2012), S. 34.
[12] Vgl. *Rothermund/Eder* (2011), S. 181-182.
[13] Vgl. *Brandstätter et al.* (2013), S. 160-161.

werden. In einer Studie wurden Emotionen in Menschen ausgelöst, indem sie bei einer Aufgabe ohne jegliche Gründe kritisiert wurden. Im Anschluss wurden die Personen nach ihrer Einschätzung der Situation gefragt. Obwohl die Situation stets die gleiche war, reagierten die Personen in derselben Situation mit unterschiedlichen Emotionen.[14] Biologische und kognitive Theorien von Emotionen differenzieren diskrete Emotionen wie Wut, Freude und Angst. Jede Emotion hat ein eigenes Profil mit seinen Reaktionen, was sie von anderen Emotionen unterscheidet. Dahingegen drückt der konstruktivistische Ansatz die Variabilität der Reaktionen zwischen den Emotionstypen aus. Hierbei ist eine Emotion ein kategorisierter Basisaffekt, wobei Emotionen durch die Veränderung der Basisaffekte geschehen. Dabei führt die Kategorisierung von Basisaffekten zu verschiedenen Emotionen. Damit eine Emotion entstehen kann, ist nicht die Begegnung einer bestimmten Situation (biologischer Ansatz) von Relevanz oder eine Einschätzung der Situation (kognitiver Ansatz). Stattdessen entsteht eine Emotion, wenn ein Gefühl von der eigenen Vorstellung gleichwertig wie der typischen emotionalen Reaktion ist.[15]

1.3 Emotionsregulation und Emotionsarbeit

Emotionsregulation bedeutet, in aktuelle emotionale Ereignisse einzugreifen, indem die Methode der Selbstkontrolle angewendet wird. Die Emotionsregulation umfasst heterogene Strategien, die bei Menschen beeinflussen können, welche Emotionen sie besitzen, wann sie diese haben oder wie sie diese erleben. In dieser Hinsicht stellt sie ein zentrales Thema in der Grundlagenforschung zu emotionalen Prozessen, der klinischen Psychologie sowie der Therapie von affektiven Störungen, Angst und Schmerzen dar. Besonderes Augenmerk liegt auf der unvorhergesehenen Kontrolle der Emotionen.[16] Emotionsregulation wird manchmal mit Stressbewältigung bzw. Coping als gleichwertig angesehen. Es gibt Überschneidungen zwischen diesen beiden Strukturen, es herrschen jedoch klare Unterschiede. Coping beinhaltet verschiedene Versuche, mit anspruchsvollen und belastenden Situationen umzugehen. Emotionen können, müssen aber nicht unbedingt Teil der Situation sein. Dahingegen versucht Emotionsregulation, unerwünschte Emotionen zu unterdrücken, zu remittieren, aber auch gewünschte Emotionen zu verstärken oder gar erscheinen zu lassen.[17]

---

[14] Vgl. *Rothermund/Eder* (2011), S. 187-190.
[15] Vgl. *Barnow* (2020), S. 111.
[16] Vgl. *Vaitl* (2012), S. 319.
[17] Vgl. *Barnow* (2020), S. 6-7.

Hierbei werden mehrere Aspekte berücksichtigt:

- Regulation positiver wie auch negativer Zustände: Die Emotionsregulation beinhaltet nicht nur die Reduktion negativer Emotionen, sondern auch die Beeinflussung positiver Emotionen.

- Verstärkung und Schwächung affektiver Zustände: Hierbei werden nicht nur die positiven und negativen Intensitäten verringert, sondern jeder Regulierungsprozess von Intensivierung oder Bewahrung von Emotionen.

- Automatische oder kontrollierte Regulierung: Die Emotionsregulation differenziert eine deliberative (das heisst es ist dem Bewusstsein zugänglich) und automatische Emotionsregulation. Neuere Forschungen haben hauptsächlich die deliberative Emotionsregulation untersucht.[18]

Damit die Emotionsregulation initiiert werden kann, ist das Bewusstsein für Emotionen unabdingbar. Um Emotionen zu regulieren, muss eine Person in der Lage sein, ihre eigenen Emotionen sensibel wahrzunehmen und den Unterschied zwischen der wahrgenommenen Emotion und der Vorstellung einer angemessenen emotionalen Reaktion erkennen zu können. Menschen, die ihre Emotionen gut erkennen, diese unterscheiden können und die in der Lage sind, die sozialen Auswirkungen emotionaler Äußerungen vorherzusagen, können Emotionen besser regulieren. Eine weitere Voraussetzung für die Emotionsregulation ist das Verständnis sozialer Normen. Emotionsbezogene soziale Normen regeln, wie sich Menschen in bestimmten Situationen fühlen und wie diese Emotionen ausgedrückt werden sollen. Diese Normen variieren je nach Zeitgeist, Kultur oder sozialer Rolle.[19]

Der Emotionsregulation kann eine hedonistische oder soziale Motivation zugrunde liegen.

In sozialen Interaktionen dient die Emotionsregulation des Öfteren dem Zweck, soziale Ziele zu erreichen. Grundsätzlich lassen sich drei Arten unterscheiden:

- Als erstes kann der erste Eindruck genannt werden. Hierbei geht es darum, wie uns andere Menschen wahrnehmen (Impression Management).

- Zweitens kann der Emotionsregulation eine prosoziale Motivation zugrunde liegen. Dabei ist der Wunsch vorhanden, anderen Menschen nicht zu schaden, sondern sie zu beschützen – wie oft lächeln Kinder ihre Eltern an, um eine Enttäuschung über ein Geschenk zu verbergen.

- Schließlich kann durch die Emotionsregulierung das Verhalten anderer beeinflusst werden. So kann es beispielsweise sein, dass manche Menschen weinen,

---

[18] Vgl. *Brandstätter et al.* (2013), S. 175.
[19] Vgl. *Jansen* (2018), S. 114.

um Trost und Aufmerksamkeit zu erhalten.[20]

Insgesamt wird Emotionsregulation dazu verwendet, um die erlebten Emotionen zu beeinflussen, um wiederum den Anforderungen der Umwelt gerecht zu werden. So verbergen manche Menschen ihre Trauer, damit nicht andere trauern müssen, oder unterdrücken gelegentlich die Freude am Erfolg, um die Erfolglosen nicht zu verletzen. Emotionsregulation findet dabei nicht nur im privaten Kontext statt, sondern auch im Arbeitsalltag. Das Arbeitsleben ist voller Emotionen: Eifersucht, Stolz, Angst, Zweifel, Wut, Einsamkeit, Freude und Schuld sind beruflicher Alltag. Viele Jahre wurden Emotionen im Arbeitsumfeld in der Forschung ausgelassen. Da unterschiedliche Menschen aufeinandertreffen und viele Menschen, die meiste Zeit ihres Tages arbeiten, ist Emotionsregulation von erheblicher Relevanz. In diesem Zusammenhang rückt der Begriff Emotionsarbeit in den Vordergrund. Dies bedeutet, bestimmte Gefühle im Arbeitsumfeld zu erzeugen oder zu unterdrücken, um einen Einfluss von außen zu haben, der zum beruflichen Erfolg beiträgt. Die Emotionen der Mitarbeiter können sich sowohl positiv als auch negativ auf ein Unternehmen auswirken. Wenn ein Mitarbeiter beispielsweise gestresst ist und dies am Kunden auslässt bzw. ihn dies spüren lässt, kann dies möglicherweise ein negatives Bild auf das Unternehmen werfen.[21]

In sozialen Situationen sind Menschen sehr häufig mit Erwartungen konfrontiert. Bei einer Party wird gute Laune erwartet, bei einem Besuch im Krankenhaus Mitgefühl sowie Ernst und Traurigkeit bei einer Beerdigung. Diese Erwartungen werden durch soziale Normen bestimmt. Solche Normen machen sich Dienstleistungsunternehmen zunutze. Zum Beispiel können Flugbegleiter als typische Emotionsarbeiter angesehen werden. Gäste einer Fluggesellschaft möchten freundlich während des gesamten Fluges behandelt werden. Aus diesem Grund sind von Fluggesellschaften Vorschriften niedergeschrieben worden, wie sich ein Flugbegleiter gegenüber seinen Gästen zu verhalten hat. Flugbegleiter müssen diese Regeln und ihre Emotionen kontrollieren, um positive Emotionen in der Interaktion mit Kollegen und Passagieren zu erzeugen.[22]

Allgemein können bei der emotionalen Arbeit zwei Formen differenziert werden:

- Oberflächliche schauspielerische Fähigkeiten: Bei dieser emotionalen Arbeit wird nur der Ausdruck von Emotionen unterdrückt oder das Erleben von Emotionen zugelassen. Im oben erwähnten Beispiel mit dem Flugbegleiter als typischer Emotionsarbeiter wird dieser schmunzeln, sich aber trotzdem über unfreundliche Passagiere ärgern.

- Tiefere schauspielerische Fähigkeiten: Bei dieser Form der emotionalen Arbeit

---

[20] Vgl. *Barnow* (2020), S. 32-34.
[21] Vgl. *Brandstätter et al.* (2013), S. 178.
[22] Vgl. *Barnow* (2020), S. 164.

wird das Erleben von Emotionen unterdrückt, sodass kein emotionaler Ausdruck entsteht. Dies kann durch eine Neubewertung der Situation erfolgen. So können Flugbegleiter beispielsweise bei einem schwierigen Kunden den Umgang mit einem solchen Passagierverhalten als normalen Alltag eines Flugbegleiters ansehen und dies nicht persönlich nehmen.[23]

2 Aufgabe B2: Messung der Emotionen

Im Fokus dieses Abschnitts steht die Messung von Emotionen. Dabei werden vor allem zwei Fragen behandelt: Welche Methoden werden für die Emotionsmessung eingesetzt? Welche Vor- und Nachteile dieser Messmethoden sind zu nennen?
Abschließend wird die am besten geeignete Messmethode daraus abgeleitet.

2.1 Messmethoden der Emotionen

Emotionen sind im Leben der Menschen allgegenwärtig: Emotionen prägen die Art und Weise, wie wir die Welt da draußen sehen, die Menschen darin und schließlich uns selbst erleben. Sofern Emotionen erforscht werden sollen, müssen geeignete Verfahren eingesetzt werden, wobei die Methoden Rückschlüsse auf die erforschten Emotionen geben müssen.[24]

Da die Untersuchungsmöglichkeiten sehr breit angelegt sind, werden im Folgenden jeweils zwei Untersuchungsmöglichkeiten, die aufgrund natürlicher Auslöser möglich sind, und zwei Methoden, die unter kontrollierten Laborbedingungen stattfinden. Emotionen geschehen im echten Leben, wobei das Bewusstsein, wie sich eine Person fühlt, meistens dann eintritt, wenn explizit danach gefragt wird. Emotionen werden durch bestimmte Reize ausgelöst. Das Beste: Dies passiert nicht im Labor, sondern durch natürliche Auslöser im Alltag. Natürliche Auslöser sind Veränderungen in der alltäglichen Umgebung, die bei vielen Menschen ähnliche Emotionen hervorrufen.[25]

Bei der Tagebuchmethode ist das subjektive Erleben des Probanden Gegenstand der Untersuchung. Dabei werden die Testpersonen dazu aufgefordert, über eine längere Zeit Fragen am Abend des jeweiligen Tages zu beantworten. Hierbei werden Emotionen

---

[23]Vgl. *Brandstätter et al.* (2013), S. 166.
[24]Vgl. *Jansen* (2018), S. 85.
[25] Vgl. *Brandstätter et al.* (2013), S. 162.

aufgezählt und Personen müssen dann angeben, wie häufig eine dieser Emotionen auftritt. Bei dieser Methode ist es nicht zwingend erforderlich, ein Papiertagebuch zu führen. Auch die Aufzeichnung per Tablet oder Computer ist möglich, da die Daten sofort verfügbar sind, ohne sie vorher manuell eingeben zu müssen.[26] Es sind viele Variationen möglich, was vermutlich einen Vorteil darstellt. Da bei den Probanden auch eine Reflexion ihrer Gefühle auftritt, ist ein guter Einblick in das innere Erleben des Menschen möglich. Diese Methode lässt auch Online-Umfragen zu, wobei die Daten unmittelbar vorliegen. Ein weiterer Pluspunkt besteht darin, dass keine manuelle Eingabe erforderlich ist. Darüber hinaus ist bei der Online-Anwendung auch möglich zu sehen, wenn ein Proband die Aufgaben beispielsweise auf einmal abgearbeitet und nicht wie gewünscht die Fragen jeden Tag beantwortet hat.[27] Jedoch gehen mit dieser Methode auch Nachteile einher, so werden Emotionen vorgegeben, die zu beobachten sind. Dadurch kann indirekt eine Beeinflussung der Gefühle bei Probanden geschehen. Ferner kann bei dieser Messmethode nicht gesehen werden, ob die Probanden die Aufgabe selbstständig bearbeitet haben.[28]

Das Fragebogenverfahren kann ähnlich wie die Tagebuchmethode durchgeführt werden. Bei dieser Messmethode werden meistens standardisierte Skalen eingesetzt. Die Probanden beantworten Fragen zu einer oder mehreren Emotionen. Die Antworten der Teilnehmer können später mit Standardwerten verglichen werden. Ähnlich wie die Tagebuchmethode kann auch die Fragebogenmethode verwendet werden, um alltägliche Emotionen zu erfassen. Der Vorteil dieses Ansatzes liegt in der Möglichkeit, dass die Emotionen rückwirkend oder aktuell aufgezeichnet werden können. Wenn der Fragebogen online auf einem Online-Tool wie bei der Tagebuchmethode durchgeführt werden konnte, sind die Daten sofort verfügbar und die detaillierte Bearbeitungszeit kann überprüft werden.[29]

Durch diese Methode kann somit ein repräsentatives Bild des Lebens der Versuchsperson beobachtet werden. Dieser Ansatz zeigt einerseits, wie häufig es zu emotional neutralen Situationen kommt, und andererseits, welche Ereignisse mit Emotionen verbunden sind.[30]

Sofern die Fragebogen auf dem Papier bearbeitet worden sind, kann nicht nachvollzogen werden, wer diesen bearbeitet hat und um welche Zeit dieser abgearbeitet wurde, was einen Nachteil darstellt. Ferner besteht die Möglichkeit, dass Probanden nur sozial gewünschte Antworten niederschreiben, anstatt ihre wahren Emotionen mitzuteilen.[31]

---

[26] Vgl. *Hoffmann/Akba* (2019), S. 65.
[27] Vgl. *Schmidt-Atzert et al.* (2014), S. 40.
[28] Vgl. *Hoffmann/Akbar* (2019), S. 67.
[29] Vgl. *Brandstätter et al.* (2013), S. 150.
[30] Vgl. *Jansen* (2018), S. 41-42.
[31] Vgl. *Brandstätter et al.* (2013), S. 150-151.

Summa summarum können bei natürlichen Messmethoden gewisse Emotionen abgefragt werden. Die Auswertung gestaltet sich jedoch deutlich komplexer als eine kontrollierte Messung in einem Labor. Damit Emotionen im Labor induziert werden können, ist es unentbehrlich, dass standardisierte Methoden eingesetzt werden. Dabei sollen die Durchführungsbedingungen und das Material im Voraus festgelegt sein. Außerdem sind andere Faktoren bei Induktionsverfahren im Labor von erheblicher Relevanz. So ist die Frage zu klären, ob die eingesetzte Methode in Gruppenversuchen eingesetzt werden kann oder gewisse technische Voraussetzungen gegeben sein müssen. Ferner ist es auch essenziell, ob der Experimentator gewisse Fähigkeitsanforderungen haben muss und ob weitere Personen an der Methode beteiligt sein müssen.[32]

Im Labor können Emotionen durch die Filmauswahl, die Velten-Technik, Bilder, Musik, Imagination und durch die experimentelle Umgebung ausgelöst werden. In dieser Arbeit werden stellvertretend für die Emotionsinduktion im Labor die Darbietung von Filmausschnitten, die Imaginationstechnik und Velten-Technik näher betrachtet. Die Präsentation von Filmausschnitten ist die beliebteste und effektivste Methode, um Emotionen zu induzieren. Hier können nicht nur globale positive und negative Emotionen, sondern auch spezifische emotionale Zustände erzeugt werden. Damit die Methode gültig ist, wurden Pretests durchgeführt, wobei gezielt Ausschnitte, die zuverlässig einzelne Emotionen (wie beispielsweise Angst oder Ekel) hervorrufen, für die Standardisierung herangezogen werden. Durch die Standardisierung der Filmausschnitte können verlässliche Emotionen abgefragt werden. Probanden können hierbei auch während der Aufführung der Filme ruhig sitzen, was essenziell für physiologische Messungen und die Erkennung von Gesichtsveränderungen darstellt. Ein offensichtlicher Nachteil dieser Methode besteht darin, dass Gefühle wie Wut, Angst oder Ekel sehr schwierig über Filmausschnitte hervorzurufen sind.[33]

Eine weitere Möglichkeit, eine Induktion von Emotionen im Labor zu ermöglichen, stellt die imaginative Technik dar. Hierbei denkt sich ein Proband in eine fiktive Situation hinein, wobei eine detaillierte Beschreibung der Situation wiedergegeben wird. Insbesondere rufen bildliche Vorstellungen autonome Veränderungen hervor und werden daher oft wie tatsächliche Ereignisse erlebt. Diese Vorstellungsfähigkeit wird in der Hypnose, Meditation, Logotherapie und der kognitiven Verhaltenstherapie genutzt und ist in der Psychotherapie nicht wegzudenken. Hierbei ist der Vorteil hervorzuheben, dass seltener Emotionen ausgelöst werden können, die ethisch nicht zu vertreten sind. Der Nachteil dieser Methode liegt darin, dass Probanden eine gewisse Kreativität besitzen müssen, um sich die fiktive Situation gut vorstellen zu können. Ferner kann auch die Interpretation

---

[32] Vgl. *Schmidt-Atzert et al.* (2014), S. 57-58.
[33] Vgl. *Brandstätter et al.* (2013), S. 146.

eines Probanden anders ausfallen als gewollt.[34]

Eine weitere grundlegende Methode ist die Velten-Technik für die Induktion von Traurigkeit. Sie beinhaltet 50 Aussagen von Menschen mit Depressionen. Diese werden dann nacheinander als Kärtchen vom jeweiligen Probanden vorgelesen – mit der Anleitung, sich in die Situation zu versetzen und diese nachzuempfinden. Die Forscher können die Probanden dabei bitten, den Gesichtsausdruck, die Sprache und die Haltung der depressiven Person nachzuahmen. Ein Pluspunkt bei diesem Ansatz ist, dass die Aussagekarten standardisiert sind und die Instruktionen leicht geändert werden können. Als Kritik bei dieser Methode kann erwähnt werden, dass nicht sämtliche Probanden darauf reagieren und dass möglicherweise sozial erwünschte Antworten gegeben werden können.[35]

2.2 Schwierigkeiten bei der Erfassung von Emotionen und Beurteilung der besten Messmethode

Natürliche Auslöser stellen eine optimale Möglichkeit dar, echte Emotionen zu stimulieren und diese zu beobachten. Hier können sich jedoch Verzerrungen einschleichen, die die Validität der Ergebnisse deutlich abschwächen. Infolgedessen neigen Menschen dazu, Antworten zu geben, die beispielsweise den sozialen Erwartungen entsprechen. Auch gilt: Je mehr Zeit zwischen der Wiedergabe der Emotion und dem Ereignis liegt, desto höher ist die Wahrscheinlichkeit, dass Erinnerungseffekte stattfinden können. Sofern rückblickend auf Ereignisse geschaut wird, werden möglicherweise negative Emotionen vergessen und vermehrt positive Emotionen wiedergegeben. Schließlich beeinflusst die Empfindung einer Person auch das, woran sich diese Person beispielsweise erinnert. Die Sprache kann ebenfalls ein Hindernis darstellen, indem beispielsweise eine eindeutige Beschreibung der Wörter nicht gemacht und keine klare Unterscheidung zwischen den Emotionen durchgeführt wurde. Sofern Probanden nach ihren vergangenen Emotionen befragt wurden, kann es zu Gedächtnisverzerrungen und Rekonstruktionsfehlern kommen.[36]

Darüber hinaus besteht auch die Möglichkeit, dass eine Person wenig oder keinen Zugang zu ihren eigenen Gefühlen besitzt. Bei diesen Menschen ist die Reaktion auf den emotionsauslösenden Stimulus vorhanden, aber sie können ihre Emotionen nicht gut genug erkennen oder diese klar benennen. Bei Kindern und Einwanderern sollte zudem

---

[34] Vgl. *Stemmler* (2009), S. 316.
[35] Vgl. *Sokolowski* (2013), S. 243-244.
[36] Vgl. *Schmidt-Atzert et al.* (2014), S. 50-53.

stets überprüft werden, ob das Verständnis der Methode vorhanden ist. Auch gilt es zu beachten, dass die Testteilnehmer die nötige Offenheit gegenüber anderen Menschen haben. Sofern diese nicht gegeben ist, kann es zu Schwierigkeiten kommen. Aus diesem Grund sollte die Anonymität garantiert werden. Bei einer Induktion von negativen Emotionen können möglicherweise Probanden eine schmerzhafte Erfahrung erleben oder sogar an traumatische Ereignisse erinnert werden, die in einer Retraumatisierung enden können.[37]

Es geht hervor, dass zahlreiche Techniken angewendet werden können, um Emotionen im Labor zu induzieren. So ist die Velten-Methode besser geeignet, um globale emotionale Zustände zu erzeugen. Filmausschnitte sind dahingegen nützlicher, wenn eine bestimmte Emotion ausgelöst werden soll. Der direkte Vergleich zwischen den verschiedenen Induktionsmethoden gestaltet sich sehr schwer, da kaum ein Ansatz immer wieder standardisiert angewendet wird. Da es auch nur wenige vergleichende Studien gibt, die die verschiedenen Induktionsmethoden vergleichen, sollen Forscher die Vor- und Nachteile abwägen, die mit einer Methode miteinher gehen. Es wäre falsch, eine Messmethode als die richtige zu betiteln. Vielmehr müssen der Zweck und das Ziel der Forschung betrachtet werden. Letztendlich ist auch eine Kombination verschiedener Verfahren möglich. Zum Beispiel kann im Labor eine Kombination von der Erhebung physiologischer Veränderungen mit Messungen von Gesichtsausdrücken erfolgen.[38]

3 Aufgabe B3: Rubikon-Modell

Im letzten Abschnitt wird das Rubikon-Modell näher betrachtet. Aufgegriffen werden die Begriffe Motivation und Volition. Letztendlich wird ein Beispiel dargestellt, wie sich Handlungskontrollstrategien nach Kuhl zielführend einsetzen lassen.

3.1 Definition Rubikon-Modell

Psychologie beinhaltet unter anderem, wie der Mensch denkt und wie ihn beispielsweise Motivation zu einer Handlung veranlasst. Das Rubikon-Modell zeigt auf, wie durch Motivation die Handlung bzw. Zielerreichung initiiert wird.

---

[37] Vgl. *Horstmann/Dreisbach* (2017), S. 32-33.
[38] Vgl. *Schmidt-Atzert et al.* (2014), S. 71-72.

Dieses Motivationsmodell wurde im Jahr 1987 von den deutschen Psychologen Heinz Heckhausen und Peter Gollwitzer entwickelt. Es befasst sich hauptsächlich mit den folgenden vier Kernthemen:

- Wie wählt eine Person ein Ziel aus?
- Wie wollen die geplanten Ziele erreicht werden?
- Wie sieht die Handlung aus, um das Ziel erfolgreich zu erreichen?
- Wie wird die Handlung danach bewertet?

Kurz gesagt versucht dieses Modell zu zeigen, warum eine Person handelt, wie sie handelt und was sie dazu veranlasst oder motiviert, bestimmte Maßnahmen zu ergreifen.[39] Das Rubikon-Modell wird zwischen den Motivationsaspekten und den daran anknüpfenden Handlungen, um das Ziel zu erreichen, unterschieden. Heckhausen und Gollwitzer beschreiben dabei die erste und letzte Stufe als Motivation, da Wert- und Erwartungseinschätzungen von erheblicher Relevanz sind, und die Stufe 2 und 3 als Volition, genauer aufgrund der auftretenden Prozesse, die bei der Realisierung der Ziele eine Rolle spielen. Während die Motivation die Zielsetzung und Überprüfung der festgelegten Ziele umschreibt, bezeichnet die Volition hingegen die Aktivitäten im Zusammenhang mit der Ausführung.[40]

Das Rubikon-Modell differenziert die folgenden vier Stufen der Zielverfolgung:

- Vorentscheidungsphase (prädezisionale Phase): Hier sollen sich Gedanken gemacht werden, welche Wünsche in die Tat umgesetzt werden sollen. Im Vordergrund steht die Betrachtung verschiedener Möglichkeiten, um konkrete Vorstellungen für die Zielerreichung zu bestimmen. Ferner soll auch die Realisierbarkeit der Zielerreichung überprüft werden. Sofern eine Zielerreichung ausführbar erscheint, ist es wichtig, deren Inhalt so genau wie möglich zu fixieren. In dieser Phase werden auch verschiedene Handlungsalternativen abgewogen.
- Phase nach der Entscheidung (postdezisionale Phase): Bei der Phase 2 ist die Erreichung der Ziele noch nicht geklärt, aber es wird geplant, wann und welche Mittel eingesetzt werden sollen, um die Ziele zu erreichen. Eine Überlegung, wie hoch die Wahrscheinlichkeit von möglichen Kurz- und Langzeitfolgen sowie positiven und negativen Auswirkungen betreffend der Zielerreichung ausfällt, ist auch von erheblicher Relevanz.[41]
- Aktionsphase (aktionale Phase): Die geplanten Handlungen, die bei der vorherigen Phase bestimmt wurden, werden bei der Aktionsphase ausgeführt. Der

---

[39] Vgl. *Wahren* (2009), S. 135.
[40] Vgl. *Riedel* (2003), S. 83.
[41] Vgl. *Brandstätter/Otto* (2009), S. 150.

Akteur sollte sich auf seine Umsetzungsmaßnahmen konzentrieren und eine Überlegung soll stattfinden, welche Programme, Aktivitäten und Tools eingesetzt werden sollen, um die Umsetzung erfolgreich zu gestalten.

- Abschlussphase (postaktionale Phase): Die Bewertung der Folgen der ergriffenen Maßnahmen wird abgewickelt. Es findet eine Überprüfung statt, inwieweit die Ziele erreicht und welche Maßnahmen ergriffen wurden. Sofern die Zielerreichung erfolgreich gewährleistet wurde, werden noch Handlungen bestimmt, um das Verfahren abzuschließen.[42]

Für eine besseres Verständnis wird das Modell in der folgenden Grafik dargestellt:

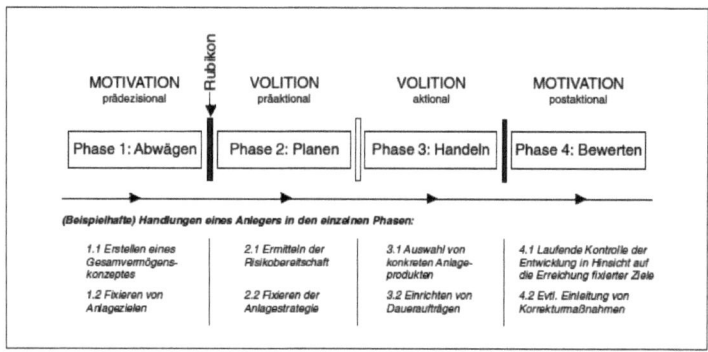

Abbildung 1: Rubikon-Modell und seine Handlungsphasen

Quelle: (Wahren, S. 136).

Hervorzuheben ist auch, dass die vier Phasen durch drei Übergänge stattfinden:

- Erstens die Wunschentscheidung aus den vielen vorhandenen Wünschen, die konkretisiert und in die Tat umgesetzt wird. Mit dieser Entscheidung wird aus einem unverbindlichen Wunsch ein verbindliches Ziel. Dies geschieht am Ende der Vorentscheidungsphase.
- Zweitens findet die Initiierung der Maßnahmen statt, die den ausgewählten Zielen entsprechen, um die Ziele zu realisieren. Dieser Übergang erfolgt am Ende der Vorbereitungsphase.
- Drittens, indem das Bewerten der Folgen der ergriffenen Maßnahmen abgewickelt wird. Diese Bewertung erfolgt am Ende der Aktionsphase.[43]

---

[42] Vgl. *Wahren* (2009), S. 137.
[43] Vgl. *Brandstätter/Otto* (2009), S. 152.

3.2 Motivation und Volition

Eine essenzielle Differenzierung dieser beiden Begriffen liegt sowohl vor allem in der Bildung der Ziele und der dazugehörigen Planung als auch in der Umsetzung. Bei der Motivation stehen sich unterschiedliche Ziele und Ansprüche gegenüber, die gegeneinander abgewogen werden müssen. Hierbei ist die korrekte Entscheidung für die weiteren Schritte noch nicht getroffen worden. Um Ziele erreichen zu können, müssen Menschen motivierende Verhaltensweisen vorweisen, um das Vorhaben bzw. die Ziele erreichen zu können, diese zu pflegen und auswerten zu können. Summa summarum geht es beim Terminus Motivation darum, welche Ziele eine Person verfolgt – wobei der Fokus zunächst auf dem Wunsch liegt und noch nicht auf der Zielerreichung.[44]

Im Vergleich dazu bezieht sich das Wort Volition auf Prozesse und die Phänomene, die sich auf die konkrete Verwirklichung von Zielen im Handeln beziehen. Das Hauptaugenmerk liegt darauf, wie man die Umsetzung gesetzter Ziele am besten regelt. So kann als Beispiel genannt werden, dass man Strategien entwickelt, damit keine Ablenkung stattfindet. Es geht also um die Prozesse und Phänomene, die mit der konkreten Verwirklichung der Handlungsziele verbunden sind. Hier sind zum Beispiel Fragen wie „wann, wo und wie die Ziele erreicht werden können" von bedeutendem Interesse.[45]

In der Motivationspsychologie wird davon ausgegangen, dass die Motivations- und Willensstärke (Volition) sowie der Umsetzungserfolg in erster Linie davon abhängen, wie sinnvoll, wünschenswert und machbar die Ziele für den jeweiligen Teilnehmer sind, wie sich dieser mit den Zielen identifiziert, welche Herausforderung sie für ihn darstellen, wie stark die Bereitschaft zur Ausführung ist, wie klar und spezifisch die Ziele geplant wurden und wie der entsprechende Aktionsplan aussieht.[46]

3.3 Handlungsstrategien

Das Rubikon-Modell beschäftigt sich ausschließlich mit kognitiven Prozessen. Dahingegen werden die emotionalen Prozesse und individuellen Unterschiede zwischen Menschen in diesem Modell kaum beachtet. Darüber hinaus reichen Aktionen nicht immer aus, um ein erfolgreiches Handlungsergebnis zu erhalten. So kann die Situation beispielsweise ungünstig sein oder einzelne Schritte für die erfolgreiche Umsetzung sind

---

[44] Vgl. *Jansen* (2018), S. 104.
[45] Vgl. *Riedel* (2003), S. 95.
[46] Vgl. *Wahren* (2009), S. 137.

noch nicht detailliert bearbeitet worden. Insbesondere ist die Tendenz groß, dass sich die dominanten Aktionen durchsetzen, d. h. die Handlungen, die einfacher sind oder mehr Spaß machen. Ein typisches Beispiel sind Vorsätze für das neue Jahr. Menschen nehmen sich vor, nicht dominante Handlungen, wie regelmäßig Sport zu treiben, häufiger zu verfolgen und auf dominante Handlungen, wie übermäßiges Essen oder Rauchen, zu verzichten.[47]

Damit Handlungserfolg erzielt werden kann, werden Handlungskontrollstrategien benötigt. In der Handlungsregulationstheorie von Kuhl steht der Mensch im Mittelpunkt, wobei die Handlungsregulation unterschiedlich anfällt. Damit kann erklärt werden, wie Menschen es schaffen, nicht dominante Handlungstendenzen auszuführen und dominante Handlungstendenzen zu unterdrücken.[48]

Im Kontext der Handlungskontrolltheorie wird eine Strategie als eine Reihe von Handlungen beschrieben, die Einzelpersonen verwenden, um Ziele zu erreichen. Das psychologische Konzept dieser Strategie konzentriert sich auf den Weg zum Ziel, wobei die Art und Weise eine erhebliche Rolle spielt. Um die Handlungsstrategien erfolgreich auszuführen, ist der Kontrollzustand eines Individuums von erheblicher Relevanz. Dabei werden zwei Kontrollzustände unterschieden: Der erste Steuerungszustand wird Handlungsorientierung genannt. Bei diesem Zustand reagieren Menschen flexibel auf Handlungsanforderungen, indem sie die vorgeschlagene Handlungssteuerungsstrategie verwenden. Der zweite Steuerzustand wird als Lageorientierung bezeichnet. Hierbei reagieren Menschen nicht aktiv, stattdessen verfangen sie sich in negativen Gedanken, wodurch Handlungskontrollstrategien nicht erfolgreich eingesetzt werden können.[49]

Solche Gedanken sind beunruhigender Natur und können sich äußern, indem der Mensch alles als schwierig betrachtet oder Äußerungen wie „wieso wiederfährt mir das immer" tätigt. Die Schwere des Kontrollzustands hängt von zwei Faktoren ab. Dies kommt einerseits von der aktuellen äußeren Umgebung und andererseits von anhaltenden persönlichen Tendenzen in Richtung des einen oder anderen Kontrollzustands zustande. Daraus geht hervor, dass durch einen optimalen Einsatz von Handlungsstrategien schwierige Ansichten im Vergleich zu alten Gewohnheiten oder momentanen Verführungen durchgesetzt werden können.[50]

Anhand des folgenden Beispiels wird die Thematik illustriert. Eine Person plant eine Vorbereitung auf eine Prüfung. Die Wahl der Handlungsstrategie spiegelt sich in den von dieser Person aufgestellten Leitsätzen wider. Hierbei überlegt sich die Person, wie sie sich am besten auf die Prüfung vorbereiten möchte. Als erstes kommt die

---

[47] Vgl. *Brandstätter/Otto* (2009), S. 159.
[48] Vgl. *Heckhausen et al.* (1987), S. 109.
[49] Vgl. *Jansen* (2018), S. 107-108.
[50] Vgl. *Schütz et al.* (2015), S. 164.

Aufmerksamkeitskontrolle ins Spiel. Der Handelnde konzentriert sich ausschließlich auf handlungsrelevante Informationen, sprich auf die Prüfungsvorbereitung. Alle anderen Informationen, die nichts mit der Prüfungsvorbereitung zu tun haben, werden ignoriert. Hiermit wird versucht, alternative Handlungsmöglichkeiten, wie zum Beispiel mit Freunden ins Kino zu gehen, zu vermeiden.[51]

Durch die Enkodierungskontrolle wird der Versuch gestartet, Informationen nach der aktuellen Handlungsabsicht – sprich der Prüfungsvorbereitung – zu sortieren und nur diese zu speichern. Hierbei könnte sich die Person mit ihren Klassenkameraden austauschen und bei Wunsch auch eine Lerngruppe bilden. Durch einen solchen Austausch wird dem Handelnden bewusst, was als wichtig anzusehen ist und welche Lerninhalte weniger relevant sind.[52]

Um nicht vom Weg abzukommen, ist die Motivationskontrolle als äußerst wichtig zu erachten. Sie sorgt für die Stärkung der Zielerreichung. Es können positive Anreize geschaffen werden, wie beispielsweise eine Unternehmung mit den Freuden zu planen oder die Organisation einer Reise.[53]

Die emotionale Kontrolle wird verwendet, um sicherzustellen, dass Menschen trotz eines möglichen Misserfolgs dranbleiben und weiterhin motiviert sind, das angestrebte Ziel zu verfolgen. So kann beispielsweise der Handelnde einmal sein gesetztes Tagesziel nicht erreichen, weswegen ihn das Scheitern verstimmen kann. Dem kann er entgegenwirken, indem er einer für ihn motivierenden Aktivität nachgeht, damit dem weiteren Lernen für die Prüfung nichts im Wege steht. Auch lässt sich ein Vision Board einsetzen, um sich die gesetzten Ziele vor Augen zu halten und bei Misserfolgen stets motiviert zu bleiben.

Schließlich können durch die Umweltkontrolle ablenkende Reize vermieden werden. Beispielsweise könnte das Telefon in einen anderen Raum gelegt oder ausgeschaltet werden, um die eigentliche Handlung nicht zu stören.[54]

---

[51] Vgl. *Zempel* (2002), S. 42-43.
[52] Vgl. *Brandstätter et al.* (2013), S. 119-120.
[53] Vgl. Schmalt/Langens (2009), S. 93.
[54] Vgl. *Brandstätter et al.* (2013), S. 119-120.

4 Literaturverzeichnis

Bak, P. M. (2019), Lernen, Motivation und Emotion. Allgemeine Psychologie II – das Wichtigste, prägnant und anwendungsorientiert, 1. Aufl., Berlin.

Barnow, S. (2020), Handbuch Emotionsregulation. Zwischen psychischer Gesundheit und Psychopathologie, 1. Aufl., Berlin.

Brandstätter, V./Otto, J. H. (2009), Handbuch der Allgemeinen Psychologie – Motivation und Emotion, 1. Aufl., Göttingen.

Brandstätter, V./Schüler, J./Puca, R. M./Lozo, L. (2013), Motivation und Emotion. Allgemeine Psychologie für Bachelor, 1. Aufl., Heidelberg.

Heckhausen, H./Gollwitzer, P. M./Weinert, F. E. (1987), Jenseits des Rubikon. Der Wille in den Humanwissenschaften, 1. Aufl., Heidelberg.

Hoffmann, S./Akbar, P. (2019), Konsumentenverhalten. Konsumenten verstehen –Marketingmaßnahmen gestalten, 2. Aufl., Wiesbaden.

Horstmann, G./Dreisbach, G. (2017), Allgemeine Psychologie 2 kompakt. Lernen • Emotion • Motivation • Gedächtnis, 2. Aufl., Weinheim.

Jansen, L. (2018), Emotionen, 1. Aufl., Studienbrief der SRH Fernhochschule, Riedlingen.

Schmalt, H. D./Langens, T. A. (2009), Motivation, 4. Aufl., Stuttgart.

Schmidt-Atzert, L./Peper, M./Stemmler, G. (2014), Emotionspsychologie. Ein Lehrbuch 2. Aufl., Stuttgart.

Schütz, A./Brand, M./Selg, H./Lautenbacher, S. (2015), Psychologie. Eine Einführung in ihre Grundlagen und Anwendungsfächer, 5. Aufl., Stuttgart.

Stemmler, G. (2009), Psychologie der Emotion. 1. Aufl., Marburg.

Sokolowski, K. (2013), Allgemeine Psychologie für Studium und Beruf, 1. Aufl., München.

Riedel, J. (2003), Coaching für Führungskräfte. Erklärungsmodell und Fallstudien, 1. Aufl., Wiesbaden.

Rothermund, K./Eder, A. (2011), Allgemeine Psychologie: Motivation und Emotion, 1. Aufl., Wiesbaden.

Vaitl, D. (2012), Veränderte Bewusstseinszustände. Grundlagen – Techniken – Phänomenologie, 1. Aufl., Stuttgart.

Vogel, S. (1996), Emotionspsychologie, Grundriß einer exakten Wissenschaft der Gefühle, 1. Aufl., Opladen.

Wahren, H. K. (2009), Anlegerpsychologie, 1. Aufl., Wiesbaden.

Zimbardo, P. G./Gerrig, R. J. (2008), Psychologie, 18. Aufl., München.

Zempel, J. (2002), Strategien der Handlungsregulation, 1. Aufl., Nürnberg.